megalith
tanz

rudi behnke

megalith
tanz

Die Deutsche Nationalbibiliothek verzeichnet diese
Publikation in der Deutschen Nationalbibliografie;
detaillierte bibliografische Daten sind im Internet über
dnb.de abrufbar

© 2019 rudi behnke

Hersteller und Verlag:
BoD - Books on Demand Norderstedt

ISBN: 9783750407152

vorwort

wir sind auf der suche
nach dem ich
dem du
dem wir
mit der ganzheit
der zerrissenheit
der sehnsucht
nach harmonie
und liebe

zwischen wünschen
und träumen
suchen wir nach
erfüllung
auch wenn es nur
träume sind

es bleibt der schmerz

inhaltsverzeichnis

glasklar

am morgen wache ich auf
und sehe dein gläsernes herz
ins wasser tauchen
das ist dein geheimnis
ich muss früh aufstehen
sagtest du mir
warum ist mir jetzt klar

in gläserner brust
dein gläsern schmerz
in gläserner lust
ein gläsern schnitt
in glasklarer nacht

augen ohne gesicht

auf der suche
nach der welt
von morgen
werde ich finden
fantasien in glas
spiegelwirren
inmitten
der splitternarben
lieblingsfarbe
schwarz

kugelaugen lauern
hände stechen
ins glasgespinse
finger tauchen
auf im netz
blutig lange
splitter hängen
dornenaugen
halten fest

fragen die artefakte
wo die tür
des lebens ist
werfen sie auf
werfen sie zu

jagen den wind
jagen das wasser
es wird die schwärzeste
nacht

in mauernischen
lauern sie
aus mauernischen
starren sie
jagen den wind
jagen das wasser

spur der steine
schritte aus schatten
saphirzartes fleisch
hinter spiegelgläsernen
türmen
spiele des tages
angst in der nacht

jagen den wind
jagen das wasser
zuckersüß
schmeckt der harte stein
und kein morgen erwacht

in deinem paradies
ziehst du zäune
auf roten spitzen
augen sitzen
münder saugen
iris aus
augenwahl
augenmahl
augenschmaus

nehmt platz
buntgefiedert
 die augen
der mund
die schattenhand
deckt den totentisch

zuckersüß schmeckt
der harte stein
und
das menschenfleisch

gedanken besteck

ausgehöhlte suchen
hinter der schale
die fülle
sei stille
verzeih den seelen
ach diese gequälten
löffel und gabeln
sprach das messer
und schnitt
die fülle bei tische

im land der sonne

nacht für nacht
dieses gewimmer
nacht für nacht
dieses grelle schreien
nacht für nacht
ist es im zimmer
nacht für nacht
dieses geschrei
dieses gewimmer
der kinder
nacht für nacht
dieses flehende
weinen
nacht für nacht
steigt es auf

nacht für nacht
durchs offene
fenster
geht durch
mark und bein
nacht für nacht
ist es im zimmer
dieses flehende
gewimmer

es ist die nacht
der katzen
katzen fressen kinder
kinder fressen katzen

gefahren der tiefe

wo die lärche singt
spielen wir
im baum
hängt ein goldfisch
der stinkt

meine welt steht kopf
mit verklapptem blick

die vollmondnächte
sind unschuldig
bauen keine brücken
über den abgrund

und die kreuzotter stirbt
bei sonnenuntergang

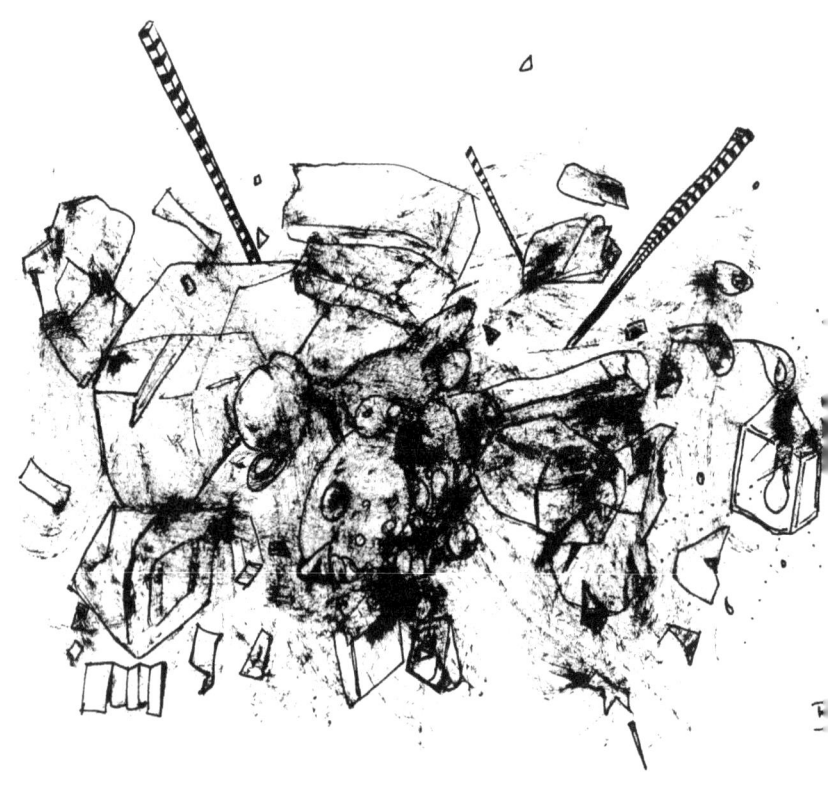

mutter

du fischst in kleinen kanälen
und pfützen nach fischen
die beste sorte
macht mich betrunken
eine andere lässt
meine fischaugen brennen
mutter
du fischst in kleinen kanälen
und pfützen nach fischen
die beste sorte
macht mich blind
und ich lerne
nicht so schnell das laufen
mutter
du fischst in kleinen kanälen
und pfützen nach fischen
die beste sorte
lässt mich blass werden
eine andere
macht mich stumm

20

plastik

wir werden plastik
pflanzen
wir werden plastik
ernten
wir werden plastik
fressen

wir werden
in den plastikhimmel
reiten
wir werden
auf plastikwolken
plastikengel
ficken

wir werden
plastik pflanzen
in plastikbäuche
es werden
plastikpuppen
auf plastikwiesen
spielen

wir werden es ernten
wir werden es fressen
wir werden daran ersticken

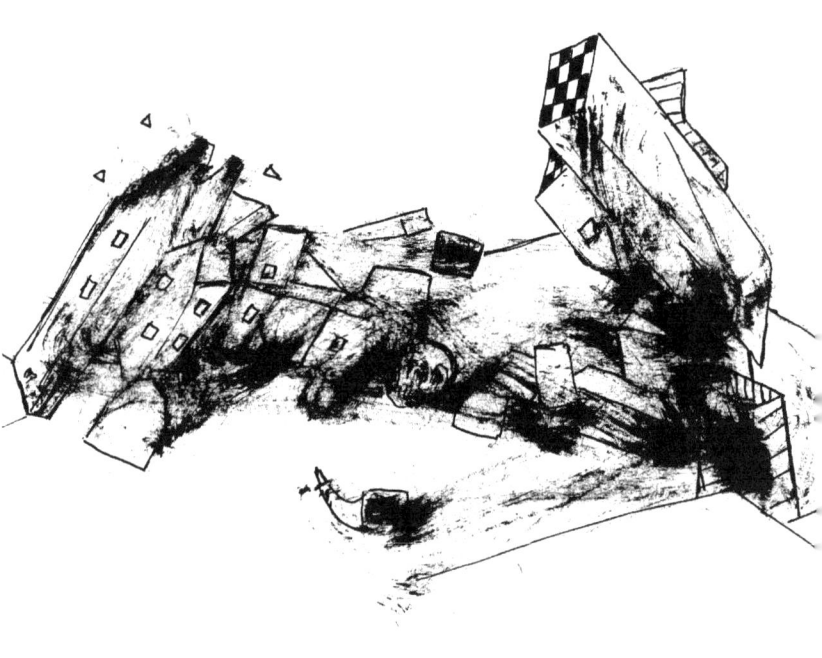

in flammen

höhlenwelt ohne sonne
spielraum ohne wärme
ein hochhaus steht in flammen

ruf mich an
ein ferner schrei
im flutlicht der stadt

götterbild oder attrappe
ich beschwöre dich
lass rosen blühen am abend

meine puppe
mein teddybär
stehen hell in flammen
lieben sich im häusermeer

kalte herzen irren umher
frisch gestrichen und geteert
auf der suche nach der rose

zum schweigen verurteilt
einmal ist nicht genug
hab ich deine liebe nur

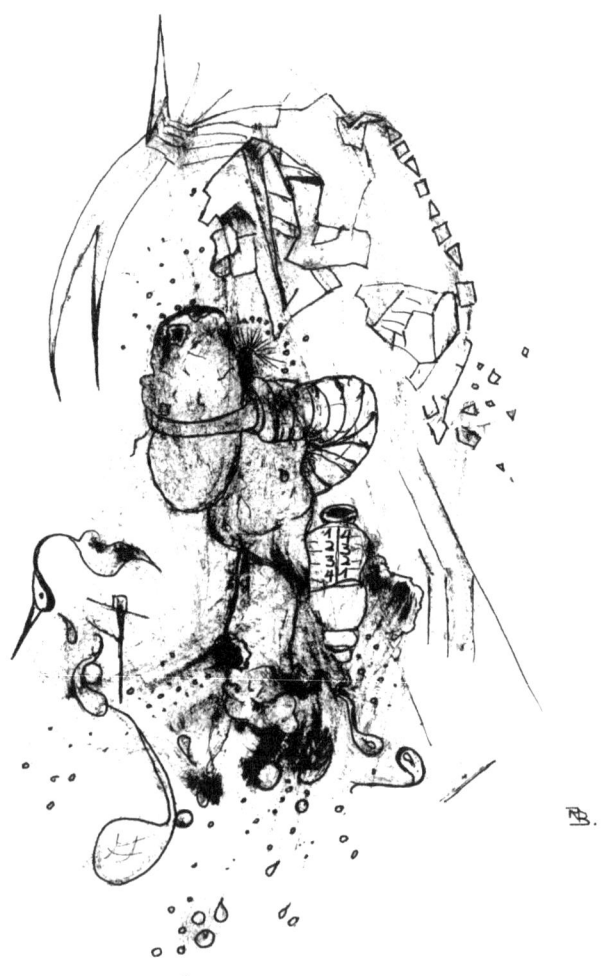

eisfrei

du hast in den sand geschrieben
steinerne jahre
setzen auf sieg
auch wenn der schein trügt

tod im winter
zeit des abschieds
still ruht der see

was du unter haltung verstehst
im kampf mit der kälte
ist in stahl und eisen zu erzittern

wahn des herzens
nicht versöhnt auf dem weg

das grün der bergwiese
der klare bergsee im sommerlicht
im sonnenlicht eine perle

das grün der bergwiese
der klare bergsee
kennen deinen namen

du hast keine tränen
kannst schon lange
nicht mehr weinen
ach du tränenmeer
unter betonsteinen

der see ruht still in seinem eise
fragt die tränen
unter den steinen
die zerbrechlich leiden
wann sie wieder fließen

wenn die tränen der einsamkeit
zu eis gefrieren
wenn der kalten nebelschleier kleid
dir die seele wird erstarren

ist der hoffnung schein
nur ein schwaches sein
dann werden sie tauen
und sich vom eise befreien

hast mich nie gefragt

mein kind
was wünschst du dir
siehe es dunkelt sehr

hab es dir noch nie gesagt
ein leben lang
wollte ich
fliegen schon
hast mich nie gefragt
hab mich nie gewagt
mutter
hast mich tot geboren
schweigst
damit ich dich noch mag

mein kind
was machst du da
überall in den baumspitzen
lasse ich engelein blitzen
siehe nur
mutter
wie sie baumeln
leuchtend schön
mit silberhaar.

sieh nur mutter
es dunkelt sehr
was wünschst du dir
ein besonders lang brennendes
grablicht mit blauem deckel
schrieb es auf einen zettel.

warum ist es im wald so kalt
warum ist es im wald so still

hab es dir noch nie gesagt
ein lebenlang
wollte ich fliegen schon
hast mich nie gefragt
hab mich nie gewagt
mein kind

bonbon

die puppe schützt die raupe
wer schützt dich mein kind
kinder die mit puppen spielen
tun nichts böses

fliege bunter luftballon
und bring mir viele
viele bonbon
vater schenkte sie mir
gehüllt in rosa glanzpapier

die puppe schützt die raupe
wer schütz dich mein kind

in der stadt megalith

kachelklang am
spinnenfenster
silberfische
kakerlaken
kellerasseln

rasseln reiten ratten zu
zeugen kellerkinder

hoppe reiter

es waren die morschen knochen
die gebaren morsche knochen
galopp
galopp

es waren die morschen knochen
klipp klapp
da war der krach

es sind die morschen knochen
die halten wach
erinnerungen aus kinderzeiten

es sind die morschen knochen
die auf einem holzperd reiten
hopp
hopp
hoppe reiter

trasse

der dunkle horizont
wartet auf regen
der wald ist versteinert
eine freudlose gasse
am rande der nacht
fließt noch wasser

dreh dich um
nach den zargen
im schwankenden boden
dreh dich um
sie drehen sich
drehen sich
ohne zweifel
im kreise

dreh dich um
nach den zargen
im schwankenden boden
dreh dich um

vier eiserne ringe
krümmen
schwingen
erstarren

mauern stürzen
steinerne flüsse
schwere wasser
eiserne ringe
auf die trasse

engel aus staub

so einfach ist die liebe nicht
mein engel
im palast der winde
ist hitze und staub
die stimme des mondes
nicht silk
und das feuermal
auf schweigenden lippen
stillt nicht den treibsand
unter der haut

auf der insel
am ende der welt
engel aus staub
sie tränkten mich
in sturmangst
eine woge der stille
ergriff mich
durch das auge
trug mich auf
höher und höher
weiter und weiter

ich sog der zeit erschlafften brüste
und die schamröte kannte kein rot
und die lust schlief
im geilen gestein

die helligkeit erwacht
im zwielicht der zeit
schattenspiele begreife ich nie
kleine fluchten ziehen ein

die wahrheit
hängt am seidenen faden
leichter als luft
mit gelähmten schwingen

wenn sandhügel
in deinen schoß rieseln
ohne lust aufzuwiegeln
und in den toten dünen
den akt als auferstehung
einer neuen welt sehen

dann lass
die sandrose erzählen
vom kopffeuer
im zyklus der schlange
vom nackten tango
von streifzügen
von federleichten spielen
schwarzer kunst

silbermund
schlangentanz

schlangenkuss
schlangenbiss

totentanz

sehnsuchtsschmerz

zart umspielst du meine lenden
woge der sinnlichkeit
hebst mich empor
lässt meinen leib wohlig erschauern
du entfachst meine seele
tauchst mich ein
in dein verzehrendes feuer

hennagetauchte
safrangespinste
bittersüßer kalmus
zierde der begierde
machen mich trunken

eingemauert
die liebe
schlafend
auf den hügeln
schwarzer tau
mit flügeln

gleite
in die glut

leide
in den fluten

ertrinke
verbrenne mit mir

name für sehnsucht

leg mir fesseln an
im kreise der angst
damit ich sagen kann
ich habe dich geliebt

am anfang war das wort
am ende ist ein vorbei geboren

das erste lied der welt
war das lied der schmerzen
wie ein wilder strom
treibt es friedlos dahin

ein name für sehnsucht

der hunger danach
hat dich verändert

die zeit im neuen kleid

die zeit geht von urbeginn
mit einem schlag im zeigersinn
die unruhe ist da

die zeit im dünnen kleid
hilflos überspannt
die zeit zu zweit
es tut mir leid
du meine zeit

ich sah in dein gesicht
wer bist du
ich bin
bin geboren zu suchen
hab mich verloren im licht
im dunkel bleibt das glück

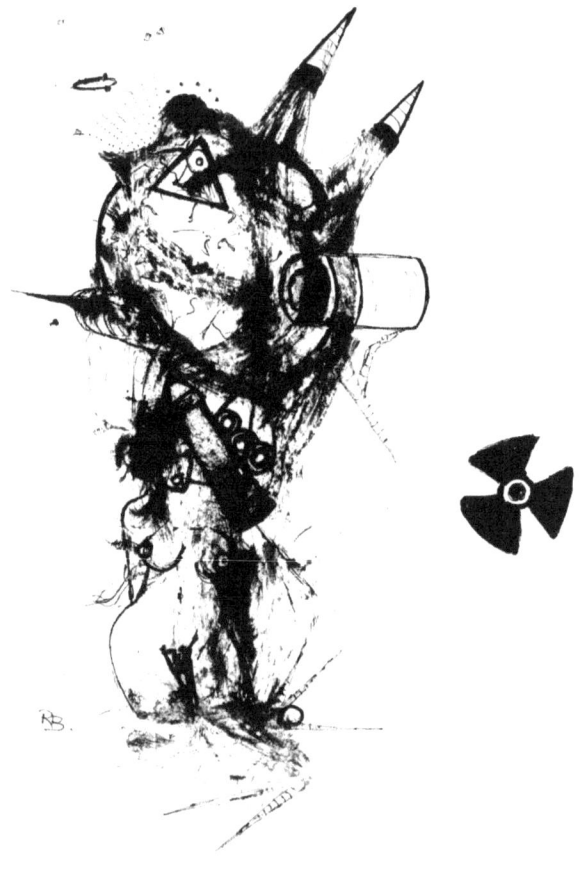

zeitsplitter

spiegelglanz
mosaik
zerbricht
stück für stück
vergisst
nicht
was ist
was war
was bleibt
schnitt für schnitt

die naht
auf blutigem sehen
wandert
diagonal
horizontal
vertikal
auf fernen sternen
blinde zählen

vogelfrei

am anfang war
der jüngste tag
raubnacht der engel
in der mitternachtssonne
verloren ein prisma
schau ins nirgendwo
träume sind blind
nackt der tag
schreie erstickt im wind

die nacktheit
wehrt sich nicht
kein weinen
kein hilfeschrei
die geraubten küsse
schmecken
nach blut
die zärtlichkeiten sind
peitschenhiebe

mörderisches liebesspiel
fesselt den verstand

der zufall der gewalt
kann dich überall treffen
du stehst jeden tag
auf dem todesstreifen

mensch oder bestie
tödliches doppelspiel
blutiger reigen
phantome
die den tod begleiten

welt ohne sehkraft
hält den wind in den händen
salz und pfeffer suchend
an den ufern der stille
wenn glocken läuten
friert sie wie ein
friedhofsgänger

sucht in den bildern der zeit
geblendeter menschlichkeit
kranker seelen
sehende unter blinden

rosen aus stahl

ich brach eine rose
als sie mich stach
es drehte
drehte sich die welt

es drehte
drehte sich die welt
und die rose sprach
alles ist erotisch
erotisch ist alles
auch der tod

ich bin der versuchung verfallen
wenn es im kopf kribbelt
wie kleine spinnen
werde geschöpfe
des schreckens erfinden
mutanten die mondblut trinken

im garten des bösen
beginnt das teufelsritual
gebettet auf rosen aus stahl
werden sie dir das hirn vereisen
durch die pforte des fleisches
krampfadern lösen
die starren stiele
die in taubheit strotzen
wecken

androgyne

der zauber deines tanzes
ist so perfekt
und unterscheidet
sich nicht
von dem
der mutanten
rosen zieren
deinen schlanken hals
dein herz ist ein chip

das grelle licht
der helle stern
die neue sonne
im neuen körper
das maß aller dinge

das ende der welt
ist mit allen wassern gewaschen
abgott ist das übersinnliche
das sein kalter schweiß

aron-computer

automanie magie
euphorisch
neurotisch
versklavter seelen blindes sein
alles oder nichts

götterkult computerschrein
bete an die macht der manie
war so programmiert
computerchip in deiner seele

die angst reißt tiefe gräben
aufbruch der aggressionen
gnadenlos ohne hemmungen
aus trügerischer idylle

freiheit

diktatur der gefühle
eine macht der macher
freiheit die keine ist
freiheit der kühle
freiheit ohne fantasie
freiheit zur idiotie

künstliche intelligenz
dirigiert eine retorten generation
im einklang der demagogie

auf dem jahrmarkt der gefühle
kauf ich ein stück heile welt
frieden und freiheit
import und export

der krieg der sterne
liegt nicht in der ferne
und kein glücksstern fällt

wo

du hast vorstellungen
theorien
ideen einer liebe

du suchst wege
auswege
neue ziele

miteinander schlafen
ab und zu
vielleicht
noch

meine liebe
du hast dich verändert
unsere träume auch

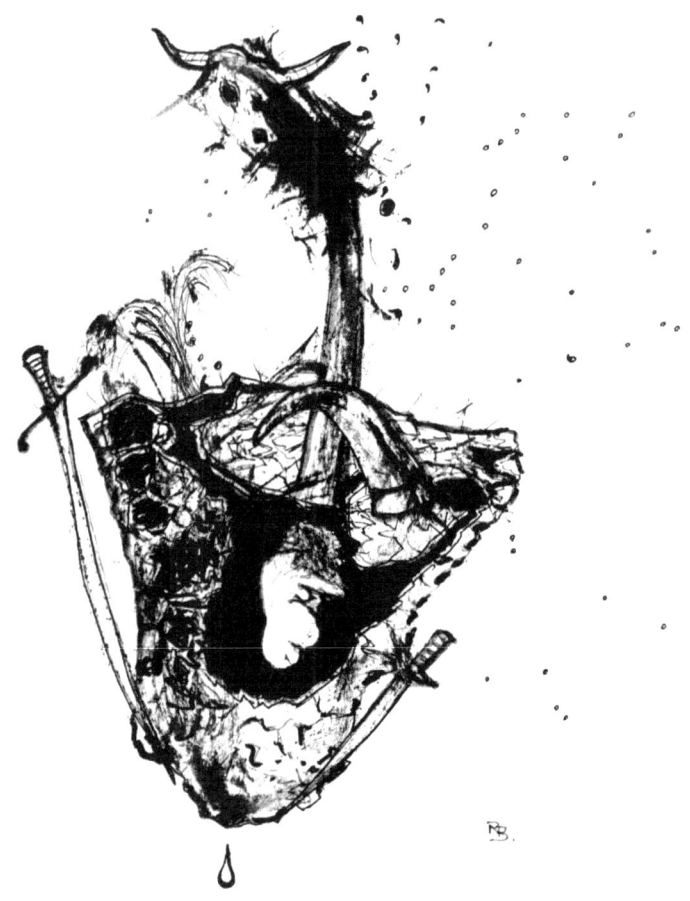

touché

auch herzstiche
brauchen freiraum
vom blitz getroffen
flügel aus stahl
zittern
gleiten
brechen ab
schweigen
auf kaltem stein

gebranntes kind

pflastersteine
wo gibt es sie noch
meilensteine
ja doch
im brennenden
bett

wenn es nicht
brennen würde
wie feuer
könnte ich vergessen
wäre
dieser schmerz nicht

wir treiben uns
in die enge

unsere lieder sind
die toten winde
ins wunderland
führen keine wege
grenzen
in letzter sekunde
machen
uns schweigen

ich will laufen
in viele
gesichter tauchen
glück haben
feuer schlagen
verbrennen
neu beginnen

der schlüssel zum glück

angst hat der schlüssel
angst hat das loch
wenn das licht ausgeht
kann nicht drehen
kann nicht sehen
kann nicht gehen
von zuhause weg

angst hat der schlüssel
angst hat das loch
wenn das licht ausgeht
kann nicht durchblicken
kann nicht durchschauen
nur eine viertel stunde
von zuhause weg

die junge zeit

morgen – gehaucht
luft – verbraucht

trüber blick
in schweigen gehüllt
im nebel einer life
geht sie
ston washed
indigoblau
und einer
cola light
die junge zeit

maskerade

wir flohen bei nacht
hals über kopf
hörig bis zur letzten sekunde
hatten mehrere gesichter
blieben unerkannt

maske in blau auf seidengom
zaubertanz fliegender fische
abschiedsblicke im flakon
und die zarten seitenstiche

total

dein regenbogen ist ein laserstrahl
dein sonnenschein ein hallogen
dein kleid ein sternenglimmer
dein busen ist aus silikon
dein körper liebt die vibration
du liebst die liebe nur total

steinschlag

das tete-a-tete im straßencafe
der heiße flirt auf kaltem schotter
der presslufthammer der mit dir
schlief
alternativ auf meiner schulter
so hautnah der freiheit geruch
auf dem trottoir
wie trefflich glatt sind worte da

fahrerflucht

jetzt dreht sich
alles nur um dich
am knotenpunkt
hatte deine liebe
einen unfall
trage sie schamlila
auf den seitenstreifen

sage nicht in einer tour
ich war auf der richtigen spur
ich war auf der richtigen spur

du wirst sie nie begreifen

für dich bin ich graffiti
und trage kettenhemden
bist mir über die haut gefahren
habe es nicht gespürt
hast mich kaum berührt

wenn ich allein bin
spiele ich mit gummienten
können schmusen
liebkosen
und duften wie ein kleines kind

himmel und hölle

ich hab den himmel
und die hölle geküsst
teufel und gott

himmel und hölle
wo ist da heiterkeit

wir spielen dieses spiel
himmel und hölle
mein ich und du

geh zum teufel
geh mit gott

himmel und hölle
auf und zu
auf und zu

fessel-flirt

leggings-haarspalterei
dialektischer lippenstoff
ein versuch der agonie
stilblüten ohne worte
spliss der phantasie
stiletto posen kosen
maschen laufen porentief
fessel-flirt in mauerritzen
glitzer-masche war nicht klar
neurosen auf brustspitzen
federn
flimmern
als accessoires

profillos

gib mir meine haut zurück
du hast sie angemacht
in zeiten wie diesen
auf die sanfte tour fahren
auf meinen lebenslinien
es könnte ein fehler sein

auf den ersten blick
gibt es keinen grund
doch nackt
habe ich noch perspektiven

nenn es liebe

brauchst du beweise
spiele der macht
nennst du sie liebe
du sagst es muss sein
dann tanze auf dem eise
du barfüßige nacht

wozu noch lieben
es ist mir ein trost
die flucht aus dem paradies
ist die flucht vor der liebe

fang die zeit

willst du auf wolken reiten
die wolken zerstreuen
mit einem kopfsprung
in den leeren raum

der zerbrochene mond
hat bunte flügel
sucht die auferstehung
ohne lüge

zwischen hoffen und bangen
trägt er den silberklang
hinter goldenen stangen
in deinen neuen traum

will den mond fangen
hinter goldenen stangen
zwischen hoffen und bangen
sitzt ein höllisch verlangen

will auf wolken reiten
die wolken zerstreuen
mit einem kopfsprung
in den leeren raum

zum teufel ist dein traum
wo er verstummt
träume vom paradies
dort singt ein vogel im baum

will auf wolken reiten
die wolken zerstreuen
mit einem kopfsprung
in den leeren raum

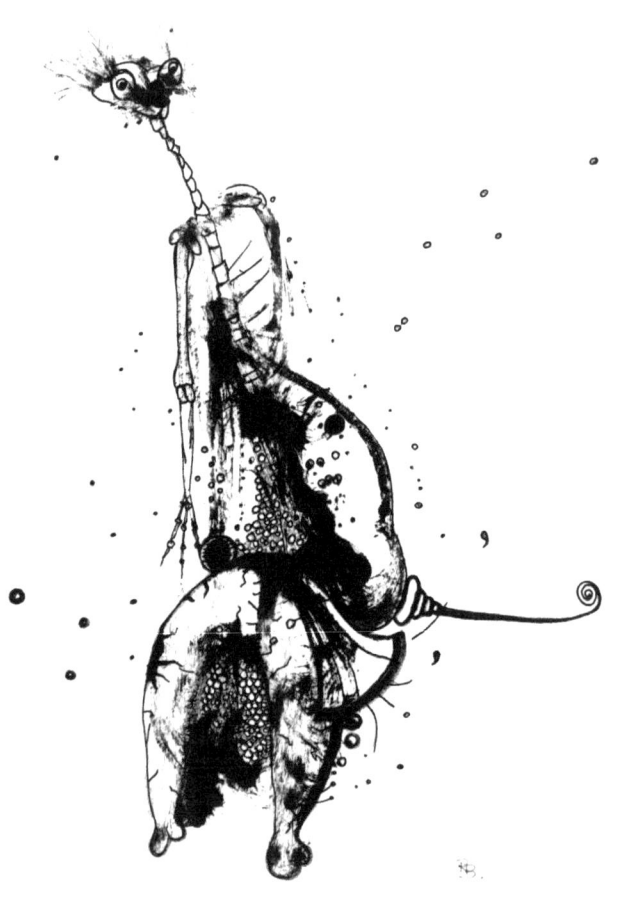

ein vogel ist dein traum
wo er verstummt
ist das andere paradies
dort sitzt der teufel im baum

im höchsten gipfel grinst
der schwindel im rattennest
da springt die geißel leis
aus dem kreis

zwischen hoffen und bangen
wird sein blut
zur schwarzen schlange
fließt auf heißen eisen

flieg vogel flieg

wohin mit deinem kleid
wohin mit deinem gefieder

flieg vogel flieg
flieg in dein verstecktes ziel

flieg vogel flieg
für mich ins abendrot

flieg vogel flieg
setz dich nieder auf die glut

flieg vogel flieg
in deinem neuen kleid

flieg flieg flieg
flieg in dein verstecktes ziel

Lichtblick

meinst du zeitlos ist
das was bleibt
oh du eitle zeit
ob du das bist
was du scheinst

tanze auf dem eise
du barfüßige nacht
zeit die keine zeit
mehr hat

hast dich verloren im licht
zeigerlos
auf schwarzem
zifferblatt
zum tanzen geboren

kalte augen suchen dich
im spiegelnassen asphalt
besteigen den regenbogen
die krümmungen
die wogen
lichtgebogen

feucht entspannt
verblassen sie im schauer
so kurz ist die zeit

das versunkene morgen

warum hab ich ja gesagt
die letzte nacht
war das versunkene morgen
das aus dem eise brach

warum hab ich ja gesagt
rette mich wer kann
mit einer träne gebe ich
der zeit leben

warum hab ich ja gesagt
kalt ist die zeit
hält mich umschlungen
im eisigen meer

warum hab ich ja gesagt
die letzte nacht
war das versunkene morgen
das mir versprach

einst kommt der tag
da wird die verlorene zeit   wissen
einst kommt der tag
da wird die verlorene zeit   missen
einst kommt der tag
da wird die verlorene zeit ewigkeit
einst kommt der tag
da wird die verlorene zeit zeit

im neuen kleid

du gehst von urbeginn
mit einem schlag
im zeigersinn
du zeit in dünnem kleid
hilflos überspannt

ich sah in dein gesicht
wer bist du
ich bin
bin geboren zu suchen
hab dich verloren im licht
du meine zeit
im neuen kleid

Nachwort

hindernis unseres tun
ist die angst

angst
erscheint uns
wie eine
unüberwindbare
üble mauer

wir suchen wege
wir suchen auswege
wir suchen fluchtwege

der autor

rudi behnke

geboren am 27. januar 1948 in kyritz
brandenburg

kunststudium in wuppertal
studium theologie und psychologie
in lemgo
seit 1974 als freischaffender maler
und lyriker in oberhausen.

Kontakt:

rubehnke@web.de
www.multi-art-oberhausen.de

Titelbild: Rudi Behnke
Illustration: Rudi Behnke
Satz und Layout: Rudi Behnke